Armin Täubner

Mäuse-sommer

Fensterbilder aus Tonkarton

frechverlag

Fotos: Frech-Verlag GmbH + Co. Druck KG, 70499 Stuttgart; Birgitt Gutermuth

Auflage:	5.	4.	3.	2.	1.	Letzte Zahlen
Jahr:	1998	97	96	95	94	maßgebend

frechverlag GmbH + Co. Druck KG, 70499 Stuttgart

ISBN 3-7724-1808-2 · Best.-Nr. 1808

Druck: Frech-Verlag GmbH + Co. Druck KG, 70499 Stuttgart

Die Tage werden länger, das Thermometer steigt, die Sonne strahlt herab – Sommer!
Und was steht in diesen herrlichen Monaten an? Baden, Eis schlecken, Sandburgen bauen, nachts am Lagerfeuer grillen, sich mit Erdbeeren den Bauch vollschlagen ...
Überhaupt, welch' Köstlichkeiten hat die Natur in diesen sonnenverwöhnten Monaten zu bieten: Kirschen und Beeren, Möhren und Eistüten, ... was ist das doch für ein herrlicher Mäusesommer!
Die kleinen grauen Nagetierchen sind bei diesen Temperaturen voll dabei, keine Sommernacht ist zu kurz für ihre Abenteuerlust!

Und Sie? Machen Sie auch mit? Bevor Ihnen die Sonne zu Kopfe steigt, heißt's: Ausschneiden, aufkleben und plustern – der Mäusesommer steht vor der Tür!

Und so wird's gemacht

1

Sämtliche Teile des Motivs werden nebeneinander und ohne Überschneidungen mit Bleistift auf Butterbrot- oder auf Transparentpapier gepaust. Anschließend kleben Sie das Butterbrotpapier auf dünnen Karton.

2

Die Teile werden mit einer Schere und/oder einem Cutter exakt ausgeschnitten – das sind Ihre Schablonen.

3

Legen Sie die Schablonen auf Tonkarton der entsprechenden Farbe, und zeichnen Sie dann die Konturen mit Bleistift nach. Schneiden Sie die Teile in der benötigten Anzahl aus.

4

Nach dem Zusammenkleben – orientieren Sie sich dabei an der Vorlage und am Foto – wird das Fensterbild mit Filzstiften und mit Pluster-Pen bemalt.

Gestaltung von Vorder- und Rückseite des Fensterbildes

Im Buch wird stets beschrieben, wie Sie die Vorderseite des Fensterbildes arbeiten.
Bei frei hängenden Motiven sollten Sie auch die Rückseite gestalten; dazu werden die meisten Teile doppelt ausgeschnitten und in derselben Reihenfolge wie auf der Vorderseite, jedoch spiegelverkehrt, aufgeklebt.

Strand-piraten

An den Mäuseköpfen bringen Sie beidseitig, aber etwas versetzt, die Ohren an. Dann werden fröhliche Gesichtszüge aufgemalt und die Körper von hinten an der Sandburg bzw. an der Höhle fixiert. Als nächstes das Vorderbein bzw. die beiden Vorderpfoten der kleinen Strandpiraten ergänzen.

Auf die Wasserfläche kleben Sie die Insel und darauf die Sandburg. Anschließend werden die drei Äste von vorne bzw. von hinten an der Sandburg aufgestellt.

Am Ufer der Insel können Sie das zweiteilige Schlauchboot, den Seestern und die Muscheln ganz nach Lust und Laune positionieren. Und was wäre eine Sandburg ohne Flagge?

Mit einem Tuschefüller oder einem feinen schwarzen Filzstift deuten Sie auf den Ästen die Holzmaserung an und malen Punkte als Sand auf.

Die Konturen von Insel und Sandburg werden noch mit einem gelben Pluster-Pen nachgezogen.

Zu zweit ist alles nur halb so schwer

Die beiden Mäuschen bekommen zuerst ihre Ohren, dann die lachenden Gesichter.

Stellen Sie die zwei aufs Gras, und legen Sie ihnen die Holzstange auf die Schulter; erst dann können Sie die Vorderbeine und die Innenlinien ergänzen.

Auf dem gelben Korb wird mit einem Tuschefüller das Weidengeflecht angedeutet, und von hinten werden einige Beeren fixiert.

Als nächstes den Korb an der Stange befestigen – aber Achtung: Der Schwanz des vorderen Mäuschens muß vor dem Korb bleiben!

Die zwei Sommermäuse haben schon so viele Beeren gesammelt, daß die Beeren, die noch auf der Wiese liegen, gar nicht mehr in ihren Korb passen.

Zum Schluß müssen Sie noch die Grasfläche mit Pluster-Pen konturieren.

Schwimm-stunde

Am Mäusekopf zuerst die Ohren anbringen und das lachende Gesicht aufmalen, dann bekommt der mutige Schwimmer das gelbe Tuch um den Schwanz gebunden.

Auf dem größeren Schwimmringteil (durchgezogene Linie) das rote Teil (gestrichelte Linie) fixieren; auf das kleinere weiße Schwimmringteil (Strich-Punkt-Linie) zwei rote Teile (punktierte Linien) kleben.

Und dann setzt sich die Maus zwischen diese beiden Schwimmringteile, die zum Schluß aufs Wasser geklebt werden.

Mit Pluster-Pen die Fahne nachziehen und mit weißer Relief-Glanzfarbe (z.B. Tulip Slick) Wellen andeuten – und die Schwimmstunde kann losgehen!

Brr, ist das kalt!

Bei der Schwimmente wird das Gesicht auf- und der Schnabel angemalt. Die Rückenlinie, die in die Schwimmringöffnung übergeht, ebenfalls aufzeichnen.

Am Mäusekopf kleben Sie die Ohren an und malen das Gesicht auf.
Für den Badeanzug können Sie einen roten und einen schwarzen Filzstift verwenden.
Dann wird der Oberkörper des Mäuschens auf dem Schwimmring befestigt und anschließend das Vorderbein ergänzt.

Das Unterteil des Badeanzuges sollten Sie ebenfalls rot und schwarz bemalen, bevor es von hinten am Schwimmring angebracht wird.

Nun setzen Sie das wasserscheue Mäuschen mitsamt seiner Schwanzspitze auf die Wasserfläche, auf der Sie mit weißer Relief-Glanzfarbe (z.B. Tulip Slick) noch Ringe einzeichnen.

Süße Sommerfrüchtchen

Auf die Erdbeere malen Sie die Samen und bringen die grünen Kelchblätter samt Stiel (gestrichelte Linie) an. Das Schleckermäulchen bekommt seine Ohren und die Gesichtszüge. Dann wird die Beere am Bauch und an der Brust der Maus befestigt – erst jetzt dürfen Sie das Vorderbein ergänzen und mit Pluster-Pen das Grünteil des süßen Sommerfrüchtchens umfahren.

Juhu, es ist Sommer!

Der Ball wird mit einem roten Filzstift verziert, die Maus bekommt ihre Ohren, die Innenlinien und das Gesicht – und schwuppdiwupp balanciert sie auf dem Ball!

Sommer-glocken

An den Stengeln der Glockenblume werden zuerst die beiden Blüten angeklebt.
Dann bringen Sie die Ohren am Mäusekopf an und malen das Gesicht und die Trennlinien zwischen den Hinterbeinen auf.

Die kleine Sommermaus stellt sich auf das Bodenteil,
Sie ergänzen die Glockenblume und die Vorderbeine, die sich am Stengel festhalten.
Beachten Sie beim rechten Vorderbein (durchgezogene Linie), daß das kleine Fingerteil (punktierte Linie) separat von vorne auf dem Stengel fixiert werden muß.

Und zum Schluß gibt's ganz nach Wunsch noch Plustereffekte!

Sommer-ernte

Die beiden Kirschen an den Stielen befestigen, am Mäusekopf die Ohren anbringen und das Gesicht aufmalen.

Mit dem Tuschefüller oder einem feinen Filzstift zeichnen Sie die Trennlinien zwischen den Hinterbeinen und den Ansatzstellen der Vorderbeine ein.

Das Mäuschen wird so zwischen den beiden Kirschen plaziert, daß sich die Stiele genau dort befinden, wo Sie anschließend die Pfoten (punktierte Linien) anbringen.

Auf der blauen Kartonscheibe fixieren Sie zuerst das Grasbüschel und dann die Maus mitsamt ihrer herrlichen Sommerernte.

Und wie wär's mit grünen Plusterrändern?

Süße Sommerfreuden

An der Eiswaffel von hinten zuerst die grüne (durchgezogene Linie), dann die rosarote (punktierte Linie) und die braune (gestrichelte Linie) Eiskugel befestigen. Die Eiswaffel kleben Sie in der Mitte der Bodenfläche fest.

An den Mäuseköpfen werden die Ohren und die Zungen angebracht, die Gesichter und die Trennlinien zwischen den Hinterbeinen aufgemalt.

Dann stellen Sie die zwei Mäuschen auf die Bodenfläche, geben ihnen die Vorderbeine und verzieren das Eis mit Pluster-Pen – damit man richtig sieht, wie's schmeckt!

Eine Floßfahrt, die ist lustig

Beim Floß zuerst die Maserung und die Linien einzeichnen, die die fünf Stämme voneinander trennen.

Als nächstes bringen Sie den Mast und das Ruder an, das im oberen Bereich allerdings noch nicht auf das Floß geklebt werden darf.

Die Ränder des Blattes werden mit der Zackenschere nachgeschnitten, bevor Sie es als Segel am Mast fixieren und die Blattadern ergänzen.

Bringen Sie die Ohren der Seefahrer an, und malen Sie die Gesichter auf.

Als nächstes die Maus ohne Hinterfüße auf den Bug des Floßes setzen und die Vorderbeine ankleben.

Am Steuerruder den Holzklotz fixieren und darauf die zweite Maus setzen, die noch ihr Vorderbein erhält.

Das Floß wird zu Wasser gebracht; für die Wellen benutzen Sie weiße Relief-Glanzfarbe (z.B. Tulip Slick).

Sommer-nächte

Auf der Bodenfläche werden zuerst die Blaubeersträucher, das Lagerfeuer und das Moospolster angeordnet.

Am Mäusekopf befestigen Sie die Ohren und malen das Gesicht auf.

Wenn sich das Mäuschen auf dem Moospolster niedergelassen hat, bekommt es sein Vorderbein samt Grillspieß.

Die Sträucher werden mit Blättern und Beeren dekoriert, auch auf dem Boden liegen einzelne Beeren.

Mit einem Tuschefüller oder einem feinen schwarzen Filzstift die Holz- und Rindenmaserung auf die Sträucher bzw. auf die Holzscheite des Lagerfeuers malen; genauso werden auch die Blattadern angedeutet.

Und zum Schluß kommen noch die Pluster-Stifte zum Einsatz.

Der Möhrenklau geht um

Zuerst wird die Bodenfläche mit den beiden Grasbüscheln dekoriert.

An den Köpfen der Mäuse ergänzen Sie die Ohren und malen die Gesichter und die Innenlinien auf.

Der Kopf des Mäuschens, das so neugierig hinter dem Busch hervorlugt, wird von hinten an dem rechten Grasbüschel fixiert; seine Pfote kleben Sie von vorne auf. Die andere Maus bekommt ihr rechtes Vorderbein.

Dann den zweiteiligen Wagen und die Maus auf der Bodenfläche anbringen. Die Möhre liegt samt Blattgrün auf dem Wagen – erst jetzt ist das linke Vorderbein des „Möhrendiebes“ an der Reihe!

Und wie wär's mit Plusterverzierungen?

Sommerträume

Mit netzartigen Bleistiftlinien wird die Oberfläche der Eiswaffel angedeutet. Die Eiskugeln bringen Sie von hinten an der Waffel an: grün (punktiert), rosa (durchgezogen) und weiß (gestrichelt). Dann fixieren Sie die Eiswaffel auf der Bodenfläche.
Das Mäuschen braucht zuerst seine Ohren und die Zunge, das Gesicht wird aufgemalt. Setzen Sie das kleine Schleckermäulchen auf das Eis, und geben Sie ihm das linke Vorderbein. Und zuletzt gibt's noch Pluster-Verzierungen.

Es war in einer lauen Sommernacht

Das Mäuschen bekommt zuerst seine Ohren, dann das Gesicht. Ergänzen Sie das Vorderbein, dann wird die Maus auf die hintere, orangerote Zeltfläche (gestrichelte Linie) geklebt. Anschließend die beiden Zeltstangen samt Wimpel sowie die vordere rote Zeltfläche (durchgezogene Linie) fixieren und drei Zeltpflöcke anbringen. Flicken und Nähte werden aufgemalt. Erst wenn Sie das Grasbüschel aufgeklebt haben, können Sie Ihr fertiges Zelt aufkleben.

Und vielleicht gibt's auch noch Pluster-Konturen!?

Spät-sommer

An den weißen Pilzstielen werden die roten Hüte befestigt, dann erst kleben Sie die Pilze aufs Gras und ergänzen noch die Innenlinien.

Die Raupe benötigen Sie in doppelter Ausführung; beide werden bemalt und an den angeknabberten Pilzstiel gesetzt.

Geben Sie dem müden Mäuschen seine Ohren und das Vorderbein, die Gesichtszüge und die Innenlinien.

Wenn sich das Mäuschen zur Ruhe gelegt hat, wird die Grünfläche mit Pluster-Pen konturiert, und die punktförmigen Raupenbeine werden ergänzt.

Weitere Titel des bekannten Autors Armin Täubner zum Thema Basteln mit Tonkarton:

TOPP 1782

TOPP 1784

TOPP 1271

TOPP 1440

TOPP 1641

TOPP 1540